MW01228461

REFLEXÕES OPORTUNAS

SIDNEY LOURENÇO DE SOUZA

SANTA CATARINA – SC, 2020

2ª EDIÇÃO

REFLEXÕES OPORTUNAS

Sidney Lourenço de Souza

3

SUMÁRIO

APRESENTAÇÃO

Olá amigo, leitor.

Hoje mais do que nunca, necessitamos de boas reflexões diante da vida.

Os fatores exógenos do mundo em que vivemos nos deixam muito das vezes desiludidos diante dos comportamentos desajustados das pessoas.

E a cada dia precisamos nos alimentar, de pensamentos e boas palavras, para nos manter em paz com nosso mundo íntimo.

O caminho talvez seja uma leitura de palavras edificantes que nos permita ser um pouco mais feliz diante dos embates da existência.

Por isso, caro leitor ofereço estas despretensiosas páginas para leitura e reflexão.

E espero ajudar nem que seja para um minuto de reflexão de si mesmo e da vida, e que lhe possa trazer um pouco de paz.

Paz e bem

Sidney Lourenço de Souza

Florianópolis, 28 de fevereiro de 2017.

AMOR

Demostre o Amor mesmo diante dos embates da vida.

Por mais obscura seja a paisagem a neblina das desinteligências se dissipará a bruma com os raios da verdade que tudo clarifica.

O Amor que fomos chamados a ofertar é ainda o AMOR do sacrifício de nós mesmos em benefício de uma causa maior.

AMA tão somente, talvez a dor não diminua, a tranquilidade não se estabeleça, a luz não resplandeça, os corações se endureça e enfim tudo feneça...

Não se preocupe diante de Deus o AMOR resplandeça.

E um dia o sol do Amor de Deus nos aqueça...

SE EU PUDESSE SUSTENTARIA O MUNDO... COMO NÃO POSSO, SIRVO A DEUS.

DOIS MILÊNIOS DE CRISTIANISMO, E NÓS O QUE FIZEMOS? 1ª parte

PRIMEIRA PARTE

"Pai, perdoa-lhes, porque não sabem o que fazem. " Jesus Lucas 23:34

Ao voltar no tempo podemos ainda sentir repercutir em nossas almas as palavras do Meigo Nazareno, que embora garroteado ao madeiro infame, pede perdão ao Pai por todos nós.

Passa na fieira do tempo cenas semelhantes, desde daquele tempo falas surdas de perseguição, aos que amavam o amor não amado...

É Nero acusando os que o amavam, para justificar sua sanha de loucura e de soberba...

São perseguições homéricas na tentativa de denegrir o seu nome e impingir medo e terror aos seus seguidores...

Trezentos anos de descalabro de lutas inglórias para restaurar sua doutrina a pureza nascente...

REFLEXÕES OPORTUNAS – SIDNEY LOURENÇO DE SOUZA

O Imperador, então, lhe concede as honrarias passageira da Terra, para transformar seus ensinamentos imaculados em massa de manobra do povoléu sem esperança e embotado pelo poder temporal dos Reis desumanos...

Sua doutrina de libertação de almas da ganga da matéria, se transforma em negociatas para barganhar as benesses dos Céus...

Maomé, numa tentativa de unir o povo dito escolhido, rascunha Suratas inspirada pelo Amor do Meigo Nazareno, que depois é deturpada levando até hoje o ódio aos corações em vã filosofia de superatividade e superioridade dos que ainda não aprenderam Amar...

Volta ao proscênio do mundo as revelações Apocalípticas de João, o discípulo amado, que ao vislumbrar o poder temporal das Nações de uma sobre as outras, prevendo loucuras e desesperos como que o Reino de Deus pudesse ser tomado pela força e estatuído por decretos humanos...

Guerras homéricas são desfechadas em nome do Rabi da Galileia, no equívoco das almas no eterno diálogo da Cruz entre dois ladrões, que a humanidade ainda não percebeu que o Reino de amor e de luz tem a Cruz como caminho do perdão e do prêmio do Paraíso...

João, o discípulo amado é chamado a servir com seu grande amor na pequena Assis de nossos corações, dando exemplo de renúncia de si mesmo. Uma vez mais é abafado pelas honrarias e sistemas passageiros de um poder temporal que está fadado ao fim...

Judas, o traidor traído, se revela no sacrifício de uma fé imorredoura dando a própria vida, como A Donzela de Orleans, para libertar o solo programado pelo Meigo Nazareno que serviria para restauração do seu Evangelho de Luz, na promessa do Consolador...

Lutero, liberta a fé da mordaça dos interesses mundanos de uma religião sem o Cristo, legando a posteridade a reforma necessária ao crescimento dos lídimos servidores do Senhor para a terra prometida de seus próprios corações, permitindo assim a liberdade de culto e interpretações na construção de uma era nova...

E a promessa do Senhor, que foi circundada pelas vozes dos Céus, ecoarão e ecoará na palavra e na mente de oradores, escritores, cientistas, filósofos, religiosos e no povoléu que profetizarão as glorias dos Céus...

E hoje restaurada na proposta de luz com o beneplácito das leis humanas na liberdade de expressão, que ainda não conquistamos em plenitude, nos perdemos do báratro de sofismas e questiúnculas na tentativa inglória de sermos os detentores da verdade, que só pode ser conquistada quando muito nos AMARMOS...

E se temos hoje a oportunidade de falar de alguém, que seja de JESUS...

14

DOIS MILÊNIOS DE CRISTIANISMO, E NÓS O QUE FIZEMOS? 2ª parte

SEGNDA PARTE

"Eu sou a luz do mundo; quem me segue não andará em trevas, mas terá a luz da vida. " Jesus - João 8:12

O planejamento divino sobre o destino da Terra se perde na noite do tempo, pois quando na formação da grande nebulosa a se dissipar no espaço, Jesus já era o Cristo.

Cerca de 4,5 bilhões de anos, quando ainda nos desenvolvíamos na crisálida de experiências multimilenária em processo de individualização, Sua era a esperança que um dia participaríamos do Banquete Divino.

No seu infinito amor permitiu que chegássemos a lucides de nossa existência para participação de um mundo melhor.

Ele o Governador espiritual do nossos Planeta, previu cada momento de nossas descobertas e crescimento e também das nossas incúrias diante da vida.

Nos possibilita errar para aprender, e nos permite fazer o melhor para ensinar.

REFLEXÕES OPORTUNAS – SIDNEY LOURENÇO DE SOUZA

Somos colaboradores neste Grande Projeto Divino, mais ainda calcetas do aprendizado repetimos lições até que internalizemos em nós.

Não tem como modificar a paisagem do Planeta e sua vida social sem nossa participação efetiva no bem.

Somos todos chamados para o Concerto Universal...

Será preciso decisão de nossa parte para não mais titubear em seguir o Cristo ou a Mamon...

Nós que já fomos luarizados pelo Seu amor, devemos colocar a mão na charrua e não olhar para trás para arar a Terra com o suor de nossos sacrifícios de nós mesmos.

Ontem negamos, fugimos, desdizemos e fizemos tudo contrário aos seus ensinamentos.

Hoje, porém e outro dia. E não devemos perder tempo para servir em nome do amor não amado.

Se nós dizemos Cristão a bandeira é: Amar o próximo como a si mesmo, e fazer todo bem aqueles que nos caluniam e nos perseguem, pois só assim estaremos provando a nós mesmo que o aprendizado foi consolidado em nossos corações.

Ele é a luz do mundo e quem o segue nunca estará em trevas...

Deus é luz e nossos somos filhos da luz, e devemos somar mais luz a luz que trazemos.

E não devemos desanimar com as dificuldades do caminho e nem por aqueles que podem destruir o corpo e tirar nossa paz...

Somos Espíritos imortais, filho de Deus e irmão de Jesus e se saber a respeito de tudo isso ainda titubeamos na fé e a coragem nos falta...

Não se preocupe há dois milénios ele nos espera e esperará mais dois e quanto mais se for necessário...

Paz e Bem

17

ORAR POR QUEM?

"... Senhor, ensina-nos a orar..." <u>Lucas 11:1</u>

Quando brota em nós um sentimento de compaixão e nos dá vontade de orar e espalharmos nossas vibrações ao infinito, pensamos naqueles em que amamos...

Hoje talvez seja diferente o orar, por existir tanta dor na Terra:

Guerras entre povos e nações;

Abandonos de crianças, idosos, pessoas e animais;

Indivíduos que se chafurdam em drogadição;

Crimes hediondos que nos deixam horrorizados;

Leis arbitrárias criadas por indivíduos sem escrúpulos;

Economias de países e pessoas sendo dilapidadas para satisfazer os interesses de alguns;

O poder desvairado em acumular os bens da terra para satisfazer a ambição desmedida;

Mães sem condições de alimentar seus filhos com uma côdea de pão;

Governantes ávidos do poder que levam seu povo ao abandono e a destruição... Enfim é dor e sofrimento espalhado por todo os lugares.

Sim é diferente o orar de hoje:

REFLEXÕES OPORTUNAS – SIDNEY LOURENÇO DE SOUZA

Por aqueles que provocam as guerras entre as nações e não percebem que deveriam promover a união e não a separação;

Por aqueles que abandonam pelo simples fato de abandonar por ainda não perceber que a responsabilidade de amparar que lhe foi dada um dia lhe será cobrado;

Por aqueles que vê no comércio ilegal das drogas um meio de ganho fácil levando milhões a destruições de caráter, por ainda não perceber que está gerando para si séculos de dor e sofrimento pelas leis eterna da vida;

Por aqueles que praticam crimes hediondos perante a sociedade e as leis divinas por ainda não perceber que são vítimas de si mesmo pois com ferro fere e com ferro será ferido;

Por aqueles que criam Leis arbitrárias, por ainda não perceberem que um dia estas mesmas Leis atingirão aqueles que são objeto de seu afeto e a si mesmo quando a posição se inverter;

Por aqueles que tem a obrigação na Ciências Econômica de proteger os bens de todos e não o fazem por interesses escusos, por ainda não perceberem que os desequilíbrios gerados pelas suas atitudes geram atos de suicídios e sofrimentos que a vida o responsabilizará na consciência cósmica pelo mau perpetrado;

Por aqueles que acumulam bens na Terra em benefício próprio e egoísta, por ainda não perceber que os bens acumulados na terra as traças corroem e os ladrões roubam, pois que devem acumular tesouro nos céus, pois a onde está o seu tesouro está o seu coração;

Por aqueles que geram a miséria levando muitos à mingua da própria subsistência de seus filhos depauperados por não ter o que comer, por ainda não perceber que devem dividir os seus celeiros a todos que necessitam, pois quanto mais se reparte mais se multiplica;

Por aqueles que Governam pela sanha do poder acreditando-se imortais na conquista dos valores ilusórios gerando dor e sofrimento, por ainda não perceberem que pelo princípio básico da vida não se deve fazer ao outro aquilo que não quer para si, pois a quem muito foi dado muito será pedido.

Oro sim por estes e por todos nós que ainda não percebemos, o que oferecemos a vida, a vida nos dará o retorno necessário para o aprendizado.

Os que precisam de Oração são os que fazem o mau pois os que sofrem o mal recebido sem a sua culpa já é bem-aventurado...

Paz e Bem

A TRASNFORMAÇÃO DA HUMANIDADE

O mundo estertora em dores de diversos matizes, dos indivíduos aos animais e da Natureza.

E tais estado de coisas, terão seus limites estabelecido pelas Leis divina, nas melhorias das instituições organizados pelos homens, e na ação efetiva dos indivíduos na sociedade hodierna.

O projeto divino para modificação das ações contrárias as Leis divinas, envolve a todos, mesmos não percebendo que estamos sendo instrumentos da transformação.

Muitas da vezes, em uma palestra, seminário e outros meios, a onde se pontua valores éticos e morais exarados dos ensinamentos da Doutrina Espírita, ou de qualquer outro conteúdo que nos remete a perceber nas entrelinhas as informações da Leis Divinas...

Começa a construir no âmago das individualidades uma ação futura de transformação das Leis e costumes dos povos, que aos poucos se alinharão as Leis imorredouras da Vida verdadeira.

Por isso, hoje, mais do que ontem, aqueles que adquirirem o entendimento necessários para esta grande transformação do nosso mundo, estarão reencarnando entre povos diversos como Lideres ou não, afim de ajuda-los a progredirem em ética e moral com valores da eterna Luz.

E lembrando a orientação recebida pelo codificador do Espiritismo, Allan Kardec, quando o espírito de verdade afirma: (**"... porquanto se trata de**

REFLEXÕES OPORTUNAS – SIDNEY LOURENÇO DE SOUZA

abalar e transformar o mundo inteiro." Obras póstumas, Minha Missão, 12 de junho de 1856.).

Portanto, toda colaboração a difusão e conhecimento seguro da Doutrina Espírita é o caminho da TRANSFORMAÇÃO DA HUMANIDADE por todos os meios e momentos.

24

PENSAMENTO E VIDA

Nós somos o que pensamos.

Os pensamentos desencontrados que nutrimos em nossa caminhada hoje, são o resultado de situações inacabadas do nosso modus vivendi...

A perda de uma oportunidade...

O compromisso afetivo rompido...

A mágoa acalentada de um ente querido...

O desafeto de amizades superficiais ...

A concupiscência de prazeres não fruídos...

A descrença de valores morais...

O desapontamento profissional da escolha feita... a falta de fé em uma crença verdadeira.

A mente atabalhoada por todos estes fatores, leva o ser a buscar soluções paliativas para encontrar a paz, tais como: Terapias, crenças, medicação, fugas, abandono, desistência, e outras atitudes que não levam à solução.

Somos o que pensamos...

E a solução não está nos atos externo e sim em nosso mundo íntimo.

A conquista de si mesmo se torna o fator precípuo para paz.

Começa pela organização da mente em valorar situações que realmente tem valor.

Depois vivenciar valores superiores da alma...

E estes valores são desenvolvidos quando: esquecemos mágoas e ressentimentos...

25

REFLEXÕES OPORTUNAS – SIDNEY LOURENÇO DE SOUZA

Perdoando os que nos feriram...

Desculpando quando ainda não conseguimos perdoar...

Se posicionando como autor da sua felicidade do que de vítima...

Saber que os acontecimentos são aprendizados ou experiências...

Ter consciência que o outro ágil com suas capacidades e condições talvez ainda com medo de se ferir e aí feriu...

Amar mesmo que o objeto do amor esteja distante de nossas emoções...

É acima de tudo se perceber filho de Deus em uma jornada de superação de si mesmo e saber que já vivemos outras vidas e viveremos vidas sem fim.

Somos o que pensamos...

Então pense no bem, na paz e no amor e se ainda a cura não chegou reveja o que pensou...

MISERICÓRDIA AO CRISTÃO

Na causa do Cristo somos todos aprendizes.

Não nos ufanos disso, por saber que na realidade estamos muito longe da conquista das virtudes para falar em seu nome.

Sua misericórdia é tamanha que nos permite divulgar sua Doutrina mesmo tendo os pés sujo de lama devido a nossa própria incúria.

Não devemos nos regozijar pelo realizado e o muito a fazer, pois esta é a oportunidade única de aprendizado, porque antes negamos e deslustramos o seu nome.

Hoje calcetas do passado devemos lembrar que Servir em seu nome é uma honra que ainda não merecemos.

SER ESPÍRITA É SER CRISTÃO

Ser espirita e saber superar-se a cada dia e buscar a transformação de si mesmo.

Ser espirita e saber aguardar sem ansiedade o retorno a verdadeira Pátria.

Ser espirita é saber que não consegue ser feliz plenamente enquanto haver dor no mundo.

Ser espirita é saber que cada um é o que deseja ser em seu mundo íntimo.

Ser espirita e saber que além de tudo que possa parecer ninguém é melhor que ninguém.

Ser espirita é saber que Jesus é nosso Mestre e ele te conhece e isso basta.

Ser espirita é ser você mesmo apesar das circunstâncias e opiniões alheias a teu respeito.

Ser espirita é amar sem esperar retribuição.

Ser espirita é ser Cristão com o Cristo.

Ser espirita é ser e nada mais...

AUTENTICIDADE

Ser autêntico naquilo que pensa, fala e faz é uma dádiva para poucos.

E se chegou ao patamar da autenticidade não perca sua conquista nos disfarces da existência.

Talvez encontre pessoas não autênticas se passando por tal, são rudes no falar e agir, quando na realidade são apenas iludidos tentando iludir.

A conquista alcançada da autenticidade, quando verdadeira nos trará a tranquilidade de quem está pronto a viver grande realizações de si mesmo.

Por isso não fuja da tua realidade e seja autêntico mesmo que os outros não percebam, pois cada um só consegue perceber com o material do seu mundo íntimo.

Ser autêntico é uma dádiva...

SEJA LUZ

A beleza da vida está nos atos simples do dia a dia.

A seleção de boas atitudes é uma escolha que revela o teu ser.

Ser feliz ou desventuroso está intimamente ligado a sintonia da alma e do coração.

Se o coração ama pela emoção de outro coração talvez não encontre a paz.

Mas se alma ama pela vibração de outra alma ai encontra a paz e a felicidade de ser luz...

A luz se funde no infinito...

REFLEXÕES OPORTUNAS – SIDNEY LOURENÇO DE SOUZA

O VENCEDOR DE SEMPRE

O mal aparentemente vence, e com isso por uma questão de sintonia atraí para si os que comungam com suas aspirações de desequilíbrio e desordem, pois ainda trazemos em nós a dessintonia com relação a ordem Universal que é de harmonia e paz.

É um grande processo de aprendizado para os que valoram o distanciamento do bem, do bom e do belo...

Como os resultados alcançados pelo mal que não tem o condão da eternidade, o tempo, o sábio de todas as épocas, fará restituir suas vitórias a um gosto amargo e passageiro...

E os que com ele sintonizava tendo os sentidos obliterados, será levado a transformar seu mundo íntimo em valores morais imorredouros que já estava ínsito em sua consciência...

Toda resistência ao bem será transformada...

E mesmo que leve alguns lustros e séculos o bem triunfará...

E o quanto mais rápido despertamos para o bem, evitaremos dores e decepções desnecessárias.

O bem tem existência própria devido sua eternidade e origem Divina...

O mal não tem existência própria, mas fará despertar o bem naqueles que não o tem...

REFLEXÕES OPORTUNAS – SIDNEY LOURENÇO DE SOUZA

AMARGOR DA VITÓRIA

Regozijamos quando a vitória nos brinda a vida.

Temos a sensação que o feito alcançado foi merecido pelo esforço empregado e nos ufanamos disso.

Há vitórias que tem o sabor amargo... quando o que vencemos foi através de atitudes menos feliz.

Seja na sociedade, no profissional, na religião, na família, na amizade, no amor... principalmente quando o rastro da dor, da desesperança, da malquerença, da ilusão... é o sinete que seremos reconhecidos no mundo.

Hoje vemos vitoriosos por ter acumulando tesouro no mundo usando subterfúgio indigno.

O poder sendo manipulado por indivíduos cujo o proceder visa apenas satisfazer o vil desejo do mando...

Desfilam homens e mulheres na galeria da fama pela sensualidade do torpor dos sentidos de duração efêmera.

Se perdem Crianças e Jovens no redemoinho de paixões dissolventes incentivados por pais calcetas das baixas emoções e desleixados das obrigações.

A chaga da sociedade hodiernamente ainda é o orgulho. Orgulho que nos leva aos píncaros da visibilidade de nós mesmos e depois nos deixa largados na tristeza das nossas defecções e mentiras.

E quando descobrirmos que os valores da paz e felicidades não estão nas conquistas passageiras. Voltaremos para dentro de nós.

E no silêncio de nós mesmo, ouviremos uma voz dizendo:

"... louco! Esta noite te pedirão a tua alma..."

EDUCAÇÃO FORMAL E INFORMAL

Diversos educadores se dedicam na organização do seu planejamento para atender um número inestimável de crianças, jovens e adolescentes... uma programação que visa o desenvolvimento intelectivo que a humanidade exige.

A inteligência é o primeiro passo do processo evolutivo do Espírito em sua jornada Terrena.

E os que auxiliam para este desenvolvimento dos indivíduos no Mundo, fazem parte da grande equipe do Cristo no Planejamento Universal de educação de Almas.

E neste mesmo diapasão, a Educação informal que é desenvolvida pelos movimentos sociais, pelas Instituições religiosas, associações de bairros, atividades esportivas, iniciativas musicais, e principalmente ações familiares... constrói valores eternos.

"A Educação MORAL é o conjunto de hábitos adquiridos...", todos somos chamados a colaborar nesta fase de transformação do nosso Planeta, com atitudes de amor, de respeito, de solidariedade, de dedicação ao bem de todos.

Todos colaboram com a Educação Formal e ou Informal para consolidar o segundo passo do processo Evolutivo do Espírito imortal: **A Educação MORAL.**

E como afirma André Luiz numa perspectiva Universal:

" A Educação da alma, é a alma da Educação."

40

O PREÇO DA GUERRA

A guerra ainda é um resquício da época da barbárie humana.

Matamos por qualquer motivo...

Por celular, pão, opinião, ingratidão, por não ser irmão e até pela Nação.

O preconceito tem dizimado vidas, a fome mata milhões, as armas destroem Impérios, e bombas nucleares bilhões...

E a política... Sim e a política não sei não...

Até quando seremos vítimas de nós mesmos.

Até quando deixaremos de proteger os rios, as matas, os animais, as crianças, os homens ...

O mundo está mexido em suas entranhas... Terremotos, maremotos, tsunami, tempestades, enchentes, vendaval, em fim... Tudo resultado de revoluções correlacionadas com o comportamento humano.

Nós projetamos no mundo o nosso modus operandi e este por sua vez reage buscando o equilíbrio...

Como o corpo cujo a doença nada mais é do que à busca da saúde.

Do nosso egoísmo despertamos o egoísmo no outro...

Nossa violência resultará na violência alheia e está a guerra...

Com a nossa atitude de paz refletirá a paz no outro...

O amor por nossos semelhantes e a natureza acalmara as entranhas da Terra e transformará o Mundo.

REFLEXÕES OPORTUNAS – SIDNEY LOURENÇO DE SOUZA

E como diz João Cabete em sua peça musical: "...Vem, Senhor, vem reflorir os caminhos! Vem, Senhor, vem perfumar corações! Exterminar a dor e fazer calar os canhões! Vem, Senhor, com teu amor tão profundo, iluminar consciências e fazer feliz o mundo."

Hoje como ontem precisamos vivenciar seus ensinamentos, Jesus sempre foi e será o Caminho da Verdade e da Vida. E o preço da guerra será a paz que nós ainda não vivenciamos.

JULGAR E CONHECER

O ato de julgar esta intrínseco ao ato de conhecer.

Julgamos por ouvir falar...

Por ouvir dizer...

Por entender assim...

Por achar que é...

Por só podia ser...

Por já esperava isso...

Por não ia dá em nada...

Por daí não saí coisa boa...

Por também da onde veio...

Por olha o meio que vive... ufa... eu já sabia...

Ledo engano, na realidade projetamos no outro as mazelas que trazemos.

E nos arvoramos em Juízes do comportamento alheio, na tentativa de tirar o foco de nós e impingir no outro a incúria da nossa maneira de ser.

Cada um é um mundo à parte, e por mais que venhamos ter uma ideia pelo ouvir falar ou achar isso ou aquilo, estamos muito longe da realidade.

Quando percebermos que na caminhada Terrena todos somos aprendizes e que cada um traz a herança das suas peregrinações multimilenária de existência sem fim...

Começaremos a entender que esta ou aquela atitude do outro que julgamos apressadamente tem razões que a própria razão desconhece.

REFLEXÕES OPORTUNAS – SIDNEY LOURENÇO DE SOUZA

Portanto, tenhamos calma em julgar que talvez não seja como estamos observando...

E parafraseando Sócrates, que viveu há 400 AC, quando dizia a respeito do ouviu dizer:

"... Se não for ÚTIL o que tem para dizer... Se não for BOM para nosso crescimento como pessoa... E se não for VERDADE, pois não tem certeza do que te disseram... Então não diga, não fale, não comente... "

Pois do contrário estará falando de você, e de você não quero saber.

COLHEMOS O QUE PLANTAMOS

Estamos jungidos a Lei de causa e afeito.

Por mais que achamos que não possuímos responsabilidade sobre nossas desditas e vicissitudes, temos registrado em nossa consciência os motivos esquecidos, pois somos herdeiros de nós mesmos.

Pode até parecer que estamos numa "Roda do Samsara" inocentemente ou que somos vítimas no que nos acontece.

Na realidade não existe erros na Lei Divina.

Colhemos o que plantamos... e se ainda nos é apresentado ajustes que nos tira a paz passageira é porque estes ajustes nos trará a paz verdadeira.

A Resignação diante da dor nos fortalece a cada passo para novos desafios.

A Lei Divina que está escrito em nossa consciência nos faz perceber que dois fatores nos impulsionam ao ajuste: **As provas e as expiações.**

Toda expiação é também uma prova, mais nem toda prova é uma expiação.

Expiar é recolher os destroços da nossa insensatez... Provar é se qualificar para construção de si mesmo... Por fazermos escolhas equivocados colheremos nem mais nem menos do que precisamos.

" ...É dado a cada um segundo suas obras..."

O AMOR É AMOR

O Amor é o resultado do crescimento de nossa individualidade, pois está intrínseco em nosso Ser.

Ele é percebido no estágio rudimentar do INSTINTO, onde nos impulsiona a luta interna de sobrevivência;

Quando chega no campo das SENSAÇÕES herança de estágios anteriores em espécies da seleção evolutiva ele é fruído;

Ao chegar no SENTIMENTO ele se torna complexo como resultado de experiências não bem-sucedidas gerando ai a capacidade de seletividade do Ser e não Ser...;

Ao se expressar na essência de si mesmo como resultado sublime do sentimento elevado às alturas do progresso feito, o AMOR se apresenta como único caminho para felicidade...

Embora ainda nos perdemos em INSTINTOS desassisados nas relações... e nos retemos no comportamento de ebriedade das SENSAÇÕES... e nutrimos SENTIMENTO egóico cristalizados de uma personalidade passageira... O AMOR que vivifica o Ser, nos resgata do "hades" de incúrias dos nossos sentimentos atabalhoados para a planície das emoções sublimes do Ser que aprendeu a ser feliz simplesmente amando.

Não perca tempo em estágios inferiores.

Faça luz a onde está, com quem estiver, e para onde for pois um dia todos nós nos encontraremos no AMOR.

REFLEXÕES OPORTUNAS – SIDNEY LOURENÇO DE SOUZA

CARNAVAL

A **CARne NAda VAle** numa percepção materialista nos leva a aceitar algumas concessões menos feliz diante do mundo de valores invertidos. Existem duas visões que nos permitem analisar este momento social: Os ascetas - que vivem para o detrimento dos prazeres do corpo em louvor da alma. Os Materialistas que vivem para negar a alma em valoração dos prazeres corpo.

Duas ideias antagônicas mais que não define o molde do comportamento humano em suas escolhas, pois existem um número muito grande dos indiferentes, que agem de acordo com as sensações, aceitando uma postura laissez-faire diante de valores morais e imorais...

Se perde nas noites dos tempos a origem das bacanálias primeiro na Grécia e depois em Roma, na adoração dos deuses Dionísio e Baco, deus do vinho, da ebriedade, dos excessos, especialmente os sexuais... e nestas festas se enaltece que **A CARNE NADA VALE...**

E afirma Bezerra de Menezes que hoje mesmo como antes...

" ... a festa é o vestígio da barbárie e do primitivismo ainda reinantes, e que um dia desaparecerão da Terra, quando a alegria pura, a jovialidade, a satisfação, o júbilo real substituírem as paixões do prazer violento e o homem houver despertado para a beleza, a arte, sem agressão nem promiscuidade. "

Assim, nossas escolhas nos definem... e não devemos trocar a paz que nos vivifica como ser integral por momentos fugidios de prazer que nos leva a desesperança por longos períodos de reajuste.

Viemos da Luz e na luz nos consubstanciaremos em Deus...

50

SEXO, PAIXÃO E AMOR

Há no ser humano três forças que o conduz na jornada terrena e o seu direcionamento define seu destino.

A força SEXUAL herança do primarismo animal acumulada pelos Evo é a energia de vida...

A libido dos corpos que se multiplicam...

Na mente como força motriz da vida nos impulsionam para o equilíbrio quando dirigida.

A força da PAIXÃO resultado da nossa evolução na busca de superação de si mesmo...

Capaz de decuplicar nossas ações de crescimento diante dos desafios da existência...

E quando desprezada é responsável pelo arroubo d'alma sem direção...

Mas quando controlada é a fonte de grandes realizações.

A força do AMOR absorvida da fonte universal da vida que estua no seio do Criador é a energia que tudo dulcifica gerando harmonia no caminhar desta para a vida verdadeira...

A energia do AMOR é capaz de transformar e revitalizar a energia SEXUAL quando ela se perde no báratro do comportamento humano...

A energia do AMOR é o conduzir tranquilo da energia da PAIXÃO nas ações que requer do ser o mais profundo desempenho de construção de si mesmo em direção ao outro seu irmão...

REFLEXÕES OPORTUNAS – SIDNEY LOURENÇO DE SOUZA

E quando a energia SEXUAL perder o seu viço e a energia da PAIXÃO descambar para loucuras da violação dos sentimentos, a energia do AMOR é chamada para restaurar a relação entre os seres.

Se temos AMOR permanecemos.

Então, o dia que aprendermos a consubstanciar em si a força SEXUAL da PAIXÃO e do AMOR estaremos na direção dos cimos da nossa condição humana.

52

AMIZADE ÚNICA

Hoje há mais de mil formas de expressar a amizade desde às mais puras
sem cor às mais coloridas...

Amigos sempre serão todos.

Dizem que existem os verdadeiros...

Os meios...

Os que não estão me aí...

Os acolhedores...

Os interesseiros...

Os que só olham...

Os que vigiam...

Os que calam...

Os que falam...

Os que curtem...

Os que leem...

Os grandes...

Os pequenos...

Os de todas horas...

Os de hora nenhuma...

Os que lembram...

Os que esquecem...

Os falsos...

REFLEXÕES OPORTUNAS – SIDNEY LOURENÇO DE SOUZA

Os que se importam...

Os que odeiam...

Os que amam.

O mais interessante de tudo isso não é ter amigos.

É ser amigo de todos mesmo que seja para apenas dizer que apesar de tudo

você meu amigo, é e será único.

Se no mundo fossemos mais amigos não existiria dor, desigualdade,

abandono e nem guerras...

Porque no fundo somos todos irmãos.

EUTANÁSIA E VIDA

A vida estua além da morte do corpo físico.

E o Espírito quando retorna a verdadeira vida, se encontra confuso e com a percepção da realidade na qual está inserida prejudicada pela falta do conhecimento sobre a vida espiritual, ainda mais quando a morte é antecipada...

O processo evolutivo que estamos jungidos, pela nossa incúria, nos reserva diversos meios para purgarmos e a ligação e permanência no corpo físico é uma das mais precípuas maneiras de ajuste.

Deus na sua infinita misericórdia e justiça nos concede a dor como mecanismo de evolução.

Descurar desta oportunidade é considerar que somos finitos diante de um Deus eterno e de amor que nos reserva uma vida infinita...

Oremos e aguardamos em Deus. Paz e bem

RELACIONAMENTO E AMOR

É um eterno equilibrar...

Verdades, mentiras, sossego, desassossego, felicidade, infelicidade, juntar, separar, continuar, desistir, caminhar, parar, gostar... Amar...

Ufanismo dos poetas da busca do equilíbrio de vidas em crescimento que só o tempo é capaz de dar.

As formas são diversas: Mãe, pai, irmão, homens, mulheres, amigos, amores, amantes não importa.

O que importa é a escolha feita.

Quer ser feliz?

Ou quer fazer alguém feliz?

Com esta resposta está a chave para o equilíbrio perfeito...

Não o equilíbrio do céu sem as tormentas das tempestades, não o equilíbrio das noites de luar salpicado de estrelas, não o equilíbrio dos Campos Elíseos mais sim o equilíbrio de simplesmente amar sem esperar ser amado.

Pois a isso que chamamos de relacionamento só o AMOR é capaz de sustentar...

Amas?

Então és feliz...

LIBERDADE E DEVER

Uma luta inglória dos homens em busca da liberdade.

Quer ser livre no pensar, no falar, no olhar, no fazer, no sentir, no não sei o quê...

É uma busca incessante sem rumo e sem paz.

Nunca será realmente livre sem ter o mínimo do saber, do querer, do ser:

Do saber - saber que ser livre é dá liberdade...

Do querer - querer o necessário para não ser prisioneiro...

Do ser - ser em si o que quer do outro...

E quando luzir em sua mente que a liberdade de fazer o que se quer está condicionada a liberdade de fazer o que se deve...

Aí encontrará a liberdade.

A ETERNIDADE E NÓS

Caminhamos séculos e séculos e aqui nos encontramos.

Somos resultado e herdeiros de nós mesmos.

O que seremos no futuro depende do nosso hoje.

Ser feliz ou desditoso é devido às escolhas que fazemos.

Alguns caminhos equivocados gerou a dor, está companheira dos

insensatos, mais desperta o aprendizado quando bem aproveitada.

Caminharemos pela eternidade e um dia não muito longe e nem tão perto

seremos luz, pois temos que somar mais luz a luz que trazemos...

A eternidade é um instante que nunca termina...

62

SIMPLICIDADE E VIDA

As simplicidades de nossos corações contagiam as Almas mais singelas que nos rodeiam...

Sensibilizam as Almas mais insensíveis que se aproximam...

Convertem as Almas mais rudes que estão distantes...

Transformam as Almas perdidas no caminho...

Conduzem todas Almas para Deus...

Ser simples em um mundo tão complexo nos leva a perceber que somos chamados a **"amar o próximo como a si mesmo"** e, se um dia o Mundo se transformar em um lugar de paz, não se espante foi você que se transformou...

QUEBRANDO O ENCANTO

O encanto é quebrado quando somos mornos no amar, no sentir e no falar.

Deixamos de amar verdadeiramente os familiares por que não corresponderam nossas expectativas...

Deixamos de amar os amigos por pensarem diferente de nós...

Deixamos de amar os amores por esperar momentos que nunca acontecerão...

E aí desorientados amamos sem sentir... sentimos sem amar... e falamos sem escutar.

Com tempo o desencanto chega, a vida passa, o tempo corre e, temos pressa no amar sem amor...

Por isso temos que acalmar o coração buscando no nosso mundo íntimo o sentido verdadeiro da vida que nos permite perceber que fomos criados para felicidade e que nos está reservado o melhor.

Quando amamos sem esperar sermos amados, sentimos sem que o sentimento seja sublime, falamos mesmo que seja só ao vento...

Deus que nos ama, nos sente e nos ouve, sustentará nossas emoções e **NUNCA QUEBRARÁ O ENCANTO...**

SABER E ILUSÃO

Na ilusão que passa em nossas mentes e em nossos corações, que o muito conhecer de informações do mundo e as posições que ocupamos na sociedade, seja de destaque ou levados por merecimento alcançado, pode nos dá a sensação de sabedoria.

Na realidade a sabedoria é um estado d'alma que poucos alcançam.

A sabedoria não depende do muito conhecer e das posições que ocupa.

No dizer do filósofo Ateniense Sócrates, há 400 A.C.

" ...quando contemplamos o que é puro, eterno e imaterial que é a nossa própria essência, chegamos ao estado de sabedoria..."

A ciência incha... E a sabedoria nos torna humanos...

MUDA O MUNDO

" A melhor maquiagem é o sorriso...

A melhor joia é a humildade...

A melhor roupa é a atitude...

E o melhor remédio é o AMOR..."

Se oferecer o melhor de nós ao mundo, o mundo deixará de ser tão complexo para viver e passará a ser o melhor lugar para construir sonhos e renovar esperanças.

Os pequenos gestos de amor são capazes de mexer nas fibras mais íntima do ser e transformar momentos fugidios de desinteligência em momentos sublimes de luz no caminhar escuro do mundo.

Brilhe a´sua luz e as trevas da ignorância desaparecerá.

REFLEXÕES OPORTUNAS – SIDNEY LOURENÇO DE SOUZA

VERDADE PERCEBIDA

Tirar o véu de nossos olhos é a luta mais difícil da ilusão atávica que criamos ao longo de existências transatas.

Perceber a verdade será necessário simplificar nossa percepção diante de nós mesmo e caminhar por veredas antes nunca dantes navegadas da nossa existência...

É ser tão incomensurável diante das pessoas e da vida pelo ato de servir.

É se perceber Deus sem se achar onipotente perante as próprias fraquezas e as pessoas...

É amar a vida mais que a si mesmo...

É contemplar o que é belo, puro, real e imperceptível da nossa própria essência que é a verdade de sermos filhos da Luz... e aí chegaremos ao estado de sabedoria e perceberemos a verdade mesmo que sejamos a minoria ..

SERVIR E SERVIR

No caminho da vida encontrar um tempo para servir é escolha de cada um.
Mais quando o tempo nos encontra servindo, a luz que vem de cima nos
fortalece e nos ampara para mais servir, pois aqui viemos para servir é não
para ser servido.

Seja diante das pessoas ou das situações mais inusitadas.

O prazer de servir só é percebido por aqueles que amam sem condições ou
servem sem perceber.

74

LIBERDADE E POSSE

O Amor não prende, liberta!

Chico Xavier

Não seremos verdadeiramente livres enquanto acreditar que temos posse das coisas e das pessoas.

A liberdade que tanto desejamos começa quando percebemos que o direito do outro deve ser respeitado, mesmo que isso seja contrário aos nossos interesses, e ser feliz com a sua escolha...

Mais quando amarmos o outro como a nós mesmo no dizer do Cristo, perceberemos que ser feliz é questão de SER e não de ter ou escolher...

REFLEXÕES OPORTUNAS – SIDNEY LOURENÇO DE SOUZA

MUNDO E CONQUISTA

Perseverar na conquista de si mesmo é o fanal de nossa peregrinação no mundo...

Desviar deste caminho devido a interferência das coisas e das pessoas é como considerar que os fatores externos são maiores que nossos Cristo internos.

Por isso tenha em mente que os aplausos do mundo cessam quando fechamos nossos olhos para as conquistas passageiras e abrimos para os valores eternos.

ATRASO E PRECONCEITO

" Aprendemos a voar como os pássaros,

A nadar como peixes,

Mais ainda não aprendemos a viver como irmãos."

Martin Luther King

A humanidade caminha e as atitudes de desinteligência ainda imperam retardando nosso crescimento para o bem.

Não seja aquele que se mantém na retaguarda de valores já ultrapassados e que no futuro não muito longe, apenas servirão para ilustrar as páginas da história.

Sejamos nós o início da mudança para uma nova era, o Cristo nos espera.

O ECO DO AMOR

O Amor é a fonte da vida...

Enquanto demoramos no comportamento da sub personalidade: ódio, mágoa, ressentimento, egoísmo, falta de fé, descrença e etc...

Perdemos a oportunidade de ser feliz.

Mais quando contemplamos e vivemos a super personalidade: Amar, perdoar, servir, ter fé, acreditar em um Deus justo e bom, e fazer tudo pelo bem de todos, etc...

Estaremos recebendo da vida o retorno do bem vivenciado.

E como eco de Amor o mundo se transformará a partir de nós...

CRIADOR E CRIATURA

Devemos ter cuidado no que pensamos, falamos e desejamos...

Pois estaremos esculpindo e sendo esculpido a cada instante de nossas vidas.

Na realidade somos resultado desta interação incessante estando na matéria ou fora dela.

Há os que dizem ter opinião própria e livre pensar mais na realidade estão reproduzindo conceitos e ideias apreendidas ou rejeitadas no seu caminhar...

Poderão dizer ainda que este dizer nos tira a individualidade...

Acredito que não...

Na realidade estamos construídos através da personalidade passageira a nossa individualidade eterna...

"...gravitar para unidade divina é o grande objetivo da humanidade..."

Portanto, diminuamos nossa prepotência em muito saber pois todos estamos certos e errados dentro do que acreditamos e aceitamos como verdade.

LIMPEZA NECESSÁRIA

Quando assumimos a direção de nossas vidas e buscamos a felicidade...

Descobrimos que não é fora que a encontraremos e sim dentro de nós.

Pois se estamos em paz conosco mesmo; estaremos em paz e feliz em qualquer lugar ...

ETERNO ANO BOM

Ficamos presos a datas, a momentos, a situações, a pessoas, a eventos, ao tempo e muitas outras coisas que nos distraem do verdadeiro ato que chamamos transformação...

Contemplando nosso mundo íntimo encontraremos valores eternos que nos permitirão renovar nossos votos de paz, harmonia, amor e de um ano novo repleto de felicidades não só para nós mais a todos que amamos e queremos bem...

Não só em uma data ou um momento mais todos os dias do ano.

Por isso te desejo e me desejo um ano bom todos os dias...

eternamente...

REFLEXÕES OPORTUNAS – SIDNEY LOURENÇO DE SOUZA

NATAL EM NÓS

Tem um momento da vida que a nossa mente se direcionam para o Governador Espiritual do nosso Planeta, nosso Mestre Jesus.

E este momento de Luz para nossas vidas deveria ser duradouro em nossos corações, talvez amanhã não lembraremos com toda emoção, mais encontraremos em nosso caminho a oportunidade de mostrar que somos verdadeiramente cristãos.

Por isso amigos que seja um Natal eterno em nossos corações.

ELEGÂNCIA DA IGUALDADE

Feliz do ser que chegou ao estágio de perceber que somos todos iguais e que precisamos uns dos outros para conquistar a felicidades que tanto almejamos.

E quando deixarmos de lado as desinteligências de nos acharmos melhores do que os outros, aí sim conquistaremos a ELEGÂNCIA DA ALMA ...

CHAMAR DE AMIGO

O valor de uma amizade está muito além das aparências, do poder aquisitivo, da formação cultural, da descendência étnica ou do nome de família, da escolha religiosa, da preferência de gênero ou disso ou aquilo...

O valor está na ligação que esta palavra exprimi e Jesus nos dá o seu valor:

" ... tenho-vos chamado de amigos, porque tudo quanto ouvi de meu Pai vos tenho feito conhecer. " (jo 15:15)

E isto mostra o valor de uma verdadeira amizade pois se não for assim seremos apenas conhecidos.

Paz e bem

APRENDER COM O CRISTO

Na vida somos todos aprendizes...

E o maior aprendizado que devemos nos espelhar e a do Nosso Senhor Jesus Cristo, que mesmo julgado e condenado injustamente, agredido e humilhado por ignorância de alguns, e sentenciado e morto por uma lei arbitrária, apenas se limitou a dizer:

Pai perdoa-os, pois, eles não sabem o que fazem...

E assim, nos ensinou que devemos resistir até o fim ... porque a morte é apenas o começo de uma nova vida...

SER AUTÊNTICO

Sejamos autênticos em nossas vidas.

E tenhamos cuidado com o nosso coração, pois somos herdeiros de nós mesmo.

O outro por mais que parece conosco ele é único em emoções, decepções, realizações, erros e acertos...

E se perde nas noites do tempo o que forjou o a individualidade e a personalidade de cada um.

E assim, igualmente somos nós em nossas conquistas.

Deus nos conhece realmente como somos e nos dá o que precisamos...

O PASSADO NO PRESENTE

Se devemos ser gratos aos nossos antepassados numa visão material.
Devemos ser gratos ainda mais por saber que todos somos filhos de
Deus e pertencemos a uma única linhagem espiritual.

Que um dia nos irmanaremos na verdadeira afeição em um laço de
AMOR na grande Família Universal.

E aí fazer o bem será apenas um dever e não obrigação para ser
feliz.

A MORTE E A VIDA

A confiança na outra vida estimulará os nossos esforços.

Leon Denis

As homenagens aos que retornaram a Pátria Espiritual...

Realizadas no Brasil, na Colômbia e em todos lugares do mundo

merece de nós profunda reflexão a respeito da vida e de uma

Sociedade do futuro...

Onde não existirá mais ódio, falsidade, preconceito e discriminação

e sim **AMOR, CONFIANÇA, RESPEITO E IGUALDADE.**

Estes devem ser os valores da nova geração na construção de um

Mundo melhor.

JESUS esta foi a última palavra ...

Paz e bem

#Jesus #FoçaChape

Que os bons espíritos recolham nossos irmãos que retornam a

verdadeira Pátria Espiritual, amparando e consolando não só a eles

mais também seus familiares que aqui ficaram e todos aqueles que

retornam todos os dias no fenômeno da Morte para verdadeira vida.

Que tenhamos fé em Deus que em sua sabedoria e onisciência sabe

os motivos do ocorrido.

AUTOR

SIDNEY LOURENÇO DE SOUZA, Nasceu em 24 de dezembro de 1959, Natural do Rio de Janeiro. Consultor de Empresa, Contabilista, Gestor Empresarial Financeiro, Palestrante.

- Consultoria, IEA - Instituto de Estudos Avançados, Florianópolis - SC;
- Contabilista, Cetecon, Nilópolis - RJ;
- Mediação e Arbitragem: Resolução de Conflitos, ICPG - Instituto Catarinense de Pós-graduação ASSELVI, Blumenau - SC;
- Mediação Familiar, UNISUL, Palhoça - SC;
- Gestão de Empresa Contábil Moderna, IEA - Instituto de Estudos Avançados, Brasília - DF;
- Chefia de Pessoal, IOB, SÃO PAULO - SP;
- Educação formal e Informal, UNISUL - SC; XVI - Conferencia Estadual dos Advogados de Santa Catarina, OAB - SC;
- 8° Congresso Catarinense de Direito das Famílias, VOXLEGEM, Florianópolis - SC, Educando em Direito, Psicologia, UNISUL - SC;

Espírita desde os 14 anos de Idade, na Cidade do Rio de Janeiro, participou ativamente dos trabalhos junto a CEERJ – Conselho Espírita do Estado do Rio de janeiro, no Departamento de Infância e Juventude. Iniciou suas atividades Espírita no Estado de Santa Catarina, na SEOVE – Sociedade Espírita Obreiros da Vida Eterna e também no Centro Espírita Amor e Humildade do Apóstolo, onde ocupou o cargo de Presidente, Vice-presidente, Tesoureiro, Presidente e do Conselho fiscal.

Atividades Espíritas

1. Palestrante, coordenador de grupo de Estudo da Mediunidade, do Livro dos Espíritos, do ESDE, realiza diversos Seminários, Cursos nas áreas da Infância e Juventude, Mediunidade, Família, Atendimento Fraterno, Passe, ESDE e Gestão Administrativa e Financeira no Estado de Santa Catarina, Rio de Janeiro e Rio Grande do Sul, Uberaba. Presidiu Centro Espírita Amor e

Humildade do Apóstolo, Sociedade Espírita Obreiros da Vida Eterna e já presidiu o Conselho Deliberativo. Atividade em Brasília- DF, junto ao CEI - Prestou Consultoria na área de Gestão Administrativa e Financeira Junto ao Conselho Espírita Internacional. Atividade na Federação Espírita Catarinense – FEC: Diretor do Departamento de Infância e Juventude; Diretor do Departamento Doutrinário, coordenou e Organizou o 4º Congresso Espírita Catarinense na Cidade de Joinville; Membro do Conselho Fiscal;

Made in the USA
Columbia, SC
13 April 2023

14764882R00064